José Sánchez Herrero

Catedrático Emérito de Historia Medieval de la Universidad de Sevilla

GIOACCHINO DA FIORE

Storia, Trinità e influenza posteriore

Gioacchino da Fiore. Storia, Trinità e Influenza posteriore
di Josè Sànchez Herrero
prima edizione: febbraio 2019
© *2019*, Santelli editore

Santelli editore
Viale Giacomo Mancini 236,
87100 Cosenza
0984.406939
info@santellieditore.it
www.santellieditore.it

Conferenza tenutasi il 21 aprile 2018, organizzata dal Comitato della Società Dante Alighieri di Cosenza

I miei incontri con Gioacchino da Fiore

Nel corso 1970-1971, all'Università della Laguna (Tenerife) cominciò la mia carriera come docente, esattamente come professore di lezioni pratiche di Storia Medievale. Nel mio sforzo per il sapere cominciai dunque con libri facili da digerire, e in una collana intitolata "Panorami della Storia Universale" Edizioni "Moretón", trovai un'opera di don Luis Suárez, catedratico di Storia Medievale dell'Università di Valladolid, padre di tutti i medievalisti perlomeno di Castilla e Andalusia, degli ultimi quaranta anni del secolo XX, intitolata "Le grandi interpretazioni della storia". Luís Suarez dedicava a Gioacchino da Fiore tre pagine e riassumeva il pensiero del Florense con uno schema molto breve ma suficiente, p.51-53, e terminava parlando di Gerardo del Borgo San Donnino. Da allora, in una materia che detti in molti corsi sulle grandi interpretazioni e scuole della storia, ho ripetuto un piccolo schema delle idee di Gioacchino da Fiore e ho potuto constatare che per la maggioranza degli studenti risultava essere un personaggio completamente sconosciuto in Spagna.

L'estate di circa otto o dieci anni fa, fui invitato ad un corso organizzato dall'Università di Lérida nel Luogo di Balaguer sui "Miti e utopie". Non parlai di Gioacchino da Fiore, ma nel congresso erano presenti tre professori italiani, tra i quali Gian Luca Potestà. Il professor Potestà è un grande studioso di Gioacchino da Fiore. Tra noi due ci fu sin da subito una corrente di simpatia e di amicizia e al momento la conversazione cadde su Gioacchno da Fiore.

Potestá aveva pubblicato nel 2004 una sua opera, che fu tradotta allo spagnolo nel 2010. "Il tempo dell'Apocalissi. Vita di Gioacchino da Fiore". Le conversazioni con Gian Luca Potestà e, posteriormente, la lettura e rilettura della sua densa opera, mi hanno permesso di avvicinarmi ulteriormente al pensiero innovatore di Gioacchino da Fiore.

Nel febbraio del 2016, dopo aver fatto la conoscenza al Congresso della Dante Alighieri a Milano nel settembre del 2015, il comitato della dante Alighieri di Cosenza venne a Siviglia per concludere un gemellaggio tra il comitato di quella città e il nostro. A partire da quel momento, nacque la decisione di ricambiare la visita da parte del comitato di Siviglia a Cosenza. Dopo vari tentativi falliti, finalmente il Comitato della Dante Alighieri ha potuto ricambiare la visita a quello di Cosenza e per questo motivo io vi sto parlando in questo momento di Gioacchino da Fiore.

Alcuni dati sulla vita e opera di Gioacchino da Fiore

Voi conoscete perfettamente la vita e la opera di Gioacchino da Fiore, vorrei solo, se me lo permettete, ricordare alcune date e alcune caratteristiche della sua personalità e della sua opera.

Gioacchino nacque nel 1135 a Celico. Ricevette la sua istruzione a Cosenza e posteriormente fu accolto nella curia del Gran Giustiziero di Calabria, con vista a una occupazione nella cancelleria reale di Calabria, dove avrebbe cominciato a lavorare. Partecipò in alcune missioni.

Quando si ammalò, tornò alla corte, ma poi si decise per una vita di penitenza, partì alla volta della Terra Santa e di Gerusalemme. Visitò, forse dopo la Terza Crociata del 1145, la Palestina, la Siria e Costantinopoli.

In terra Santa avrebbe ricevuto la rivelazione della doppia legge, ovvero, la rivelazione della concordia dell'Antico e del Nuovo Testamento.

Nel cammino di ritorno, 1168-1170, si fermò nella zona dell'Etna, nella quale monaci di lingua e cultura greca, praticavano la vita eremitica e di penitenza, consacrandosi alla solitudine, alla contemplazione di Dio, con la meditazione delle sue parole e alla preghiera.

Di ritorno in Calabria, ruppe definitivamente con i suoi genitori e cominciò a vivere come un devoto penitente nell'abbazia di Sambucina, che era passata ai cistercensi.

Un anno più tardi si trasferì a Rende, vicino a Cosenza per dedicarsi come laico alla predicazione itinerante e alla spiegazione delle Sacre Scritture.

Il vescovo di Catanzaro gli conferisce il diaconato. Quindi decide di entrare come monaco nell'abbadia benedettina di Corazzo, di cui era abate Columbano. Questi dovette rinunciare all'abbadia e Gioacchino, che era priore, gli succedette come abate, tra il 1171 e 1177. Probabilmente durante il suo lavoro come abate, Corazzo si convertì in cistercense.

A questa epoca appartiene lo scritto più antico che si è conservato di Gioacchino, la *Genealogía*. Probablemente il 1176, è la data più antica nella quale si possano situare le radici della visione della storia di Gioacchino.

Il Papa Alessandro III, 1159-1181, permette a Corazzo di assumere gli usi cistercensi. Gioacchino incontra difficoltà per imporli, cerca di unirsi all'abbadia di Sambucina che lo rifiuta a causa della povertà di Santa Maria di Corazzo.

Tra il 1182 e il 1183 si trasferisce all'abbazia di Casamari. Gioacchino riceve anche da questa abazia una risposta negativa al suo Desiderio di unire Corazzo a Casamari.

Ma il soggiorno di Gioacchino a Casamari non fu un insuccesso, dato che rappresentò per lui un'occasione di arricchimento culturale, di maturazione dottrinale e di ampliazione di conoscimenti personali. Rimane a Casamari "aprossimatamente un anno e mezzo", tra settembre del 1182 e febbraio del 1184. Gioacchino si dedicò alla ricerca e a scrivere.

A Casamari scrive parte della Concordia *Novi ac Veteri Testamenti*, lavora nell'opera *Psalterium decem cordarum*, inizia l' *Expositio in Apocalipsim,* il testo più ampio della sua produzione. Potrebbe iniziare anche in questi anni la sua opera *Exhortatorium Iudeorum.* Con data imprecisa il *De articulis fidei.*

Gioacchino ricevette dai papi Lucio III, 1183, Clemente III, 1188 la esortazione di continuare a scrivere.

Nel 1188 decide di ritirarsi a Pietra Lata (Roma) in solitudine, dove scrive tutto o parte del suo *Tractatus in expositionem vitae et regulae beati Benedicti.*

I cistercensi lo accusano di non compiere il primo precetto della regola: rimanere nel monastero dove si entra a vita.

Il conflitto tra l'Abate Gioacchino e i cistercensi non si risolve subito. Gioacchino viaggia a Roma e fa visita al Papa Clemente III, che lo esonera dal suo incarico di abate e gli rinnova la licenza per scrivere.

Gioacchino ritorna a Pietra Lata.

Nel 1189 alloggia in un edificio costruito a Fiore, dove comincia la prima forma di vita monastica florense.

Tra il 1189-1191 Gioacchino trova delle difficoltà per entrare in possesso di alcune terre per il monastero. Il re Tancredi gli concede cinquanta "salme di segale" (cinquanta misure di un cereale).

Si incontra a Messina con il re d'Inghilterra Riccardo Cuor di Leone e il re di Francia Filippo II Augusto che stanno aspettando di partire per la terza crociata.

Gioacchino interpreta un testo dell'Apocalisse che si riferisce all'Anticristo. La corona inglese, lo usò per accusare il papa di essere lui l'Anticristo, mettendo in bocca all'Abàte parole che egli non aveva mai proferito.

A Napoli incontra l'imperatore della Germania Enrico VI che assedia la città. Gioacchino gli riferisce in modo simbolico un'altra profezia biblica: la caduta di Tiro sotto i colpi di Nabucodonosor. Enrico abbandona l'assedio di Napoli e ritorna in Germania.

Il 21 ottobre del 1194, l'imperatore della Germania Enrico VI, concede a Gioacchino il *tenimentum Floris*. Le terre che circondano il nuovo monastero dedicato a San Giovanni Evangelista nella località di Iure Vetere (Fiore Vecchio) (non molto lontano dall'attuale San Giovanni in Fiore) e altri privilegi.

Nell'aprile del 1196, Venerdì Santo, la imperatrice Constanza chiama Gioacchino per confessarsi. In questa occasione Gioacchino obbligò la Regina a scendere dal trono e, come la Maddalena, a mettersi in ginocchio davanti a lui, che, in persona Christi le dava la assoluzione.

Costanza rimase impressionata davanti al monaco calabrese, non solo gli confermò le donazioni avute, ma gliele garantizzò con un documento stipulato a Messina, poco prima della sua morte.

I cistercensi continuano ad attaccare Gioacchino.

Un nuovo intervento del papato, in quel momento Celestino III, il 25 agosto del 1196, approva la prima Regola dell'Ordine Florense, con la bolla pontificia *Cum Nostra* con la quale chiariva definitivamente la posizione dell' Abate riguardo ai cistercensi.

Il Capitolo generale dei cistercensi del 1197 riconosce il monastero di Fiore come casa madre dell'Ordine Florense. Gioacchino fonda altri monasteri.

Viene eletto un altro papa, Innocenzo III (1198-1216).

Il nuovo Pontefice, che conosceva bene le opere dell'Abate, che aveva letto e utilizzato nei suoi scritti, dà a Gioacchino l'incarico di predicare la Crociata presso le popolazoni meridionali. E lo vuole come suo confessore.

Nel 1200, morta la imperatrice Costanza, Gioacchino viaggia a Palermo per incontrarsi con il re bambino Federico II e ottiene nuove donazioni.

Gioacchino scrive la Lettera Testamento, citando alcuni dei suoi scritti che, in caso di morte repentina, i Florensi avrebbero dovuto inviare alla Santa Sede per possibili correzioni.

Il 30 marzo del 1202, Gioacchino si ammala e muore a San Martino di Canale all'ora delle prime Vispere della quarta domenica di Quaresima.

L'ultimo degli scritti dell'Abate è *Tractatus super quatuor Evangelia*.

Il pensiero di Giacchino da Fiore: Tre Persone, Tre Ordini, Tre Forme (tempi)

Introduzione

Nell'attualità sono tre le questioni che si sollevano nel pensiero sulle scritture e su quello teologico-storico di Gioacchino da Fiore:

1) "La forma della concezione della storia". La fama di Gioacchino procede dal concepire la storia secondo un modello ternario attraverso il quale la storia della salvazione si divide in tre grandi epoche (forme o tempi). Ognuna di esse corrisponde a un diverso ordine sociale-religioso: sposati, clerici e monaci e si relaziona con una Persona Divina: Padre, Figlio, Spirito Santo. Il problema che si pone è se Gioacchino difese, certamente, lo sviluppo della storia in un modello ternario o in un modelo binario, più tradizionale, basato sulla bipolarità dell'Antico e del Nuovo Testamento.

2) "La seconda questione ha a che fare con il fondamento della concezione della storia". La novità di Gioacchino prende forma a partire dalla teologia trinitaria o dall'interpretazione dell'Apocalisse?" Noi non ci riferiremo all'interpretazione dell'Apocalisse.

3) La terza questione si riferisce alle caratteristiche del terzo stato o tempo, la più difficile da definire, visto che si tratta di ciò che accadrà. Il terzo stato o tempo è più perfetto del secondo? Qual

è il ruolo che Gioacchino riserva alle Istituzioni Ecclesiastiche per questa terza forma?

Noi aggiungiamo altre due questioni.

4) La concezione tripartita della storia di Gioacchino parte dall'esistenza di tre Persone nella Santa Trinità che reclamano, chiedono, o semplicemente hanno uno status (posizione) o tempo, dalla constatazione dell'esistenza di tre ordini social-religiosi; monaci, clerici e sposati, dai quali si passa alle Tre Persone della Trinità?

5) Che influenza potè avere l'apparizione di questa divisione tripartita nella storia dell'esistenza dei monaci e la sua considerazione come la forma più perfetta di vita cristiana e l'apparizione degli ordini mendicanti e la lotta tra l'uno e l'altro per essere considerati come l'ordine più perfetto?

La numerología

Uno dei tre trattati più importanti di Gioacchino da Fiore è il *Psalterium decem cordarum*, uno strumento musicale di dieci corde con il quale Davide suonava al recitare i salmi. Qui vediamo un punto anteriore che non è stato tenuto in conto dai commentaristi.

Giocchino, uomo della sua epoca, ha usato i numeri in modo diretto e utiliza la loro simbología. Vediamo qualche esempio.

Il *Psalterium* contiene un denso Trattato sulla Trinità, suddiviso in sette distinzioni.

Nel secondo libro si prende in esame il significato mistico del numero 150 che rappresenta il totale dei salmi. I salmi sono 150, le Persone sono 3, gli ordini: monaci, clerici e sposati sono 3, i tempi logicamente, devono essere 3.

Gioacchino cerca di decifrare le generazioni di ognuno degli "stati" o "tempi" a partire dal numero dei salmi, 150, che divisi in tre gruppi corrispondono a 50 generazioni di ognuno degli "stati" o "tempi".

Ma il Salterio ha 10 corde, per cui le caratteristiche proprie di ogni ordine e "stato" o "tempo" si dividono in 10 multipli di 10: 10, 20, e 30; in questo modo il cammino che devono percorrere i differenti ordini per arrivare alla Gerusalemme celestiale è di 150 giorni per i laici, cento per i clerici e 50 per i monaci.

Un solo Dio e Tre Persone

Il Mistero cristiano è: Un solo Dio, una sola essenza, una sola sostanza, una sola naturalezza e in essa tre Persone: Padre, Figlio e Spirito Santo.

La filolsofia-teologica scolastica ha dato una spiegazione nominale-metafisica, ma il mistero resta un mistero. Dovuto ad alcune spiegazioni del Mistero che non si considerarono corrette, Gioacchino fu condannato, tredici anni dopo la sua morte (1202) nel IV Concilio Lateranense, 1215, di aver trattato "Della Trinità, i sacramenti, la missione canonica, ecc., nel Capitolo 2. "Dell'errore dell'abate Gioacchino". Noi non studieremo quest'argomento

Gioacchino da Fiore, dopo essersi occupato della Trinità nella sua essenza assoluta, passa a considerarla come il principio di strutturazione della società e dell'intelligibilità della "storia della salvazione".

Questo è l'obiettivo del nostro studio. Tres persone, tre ordini socio-religiosi: monaci, clerici, sposati, tre stati o tempi.

Tre Persone, tre ordini socio-religiosi, tre atati o tempi

a. Considerazioni generali

Il testo che ci serve come base è ben conosciuto, si trova nel capitolo 84 del V libro della *Concordia* e, anche, nel capitolo V, (*De tribus statibus mundi*) del *Liber introductorius* al *Expositio in Apocalipsim*.

"Tre dunque sono gli stati del mondo che, come abbiamo già scritto in quest'opera, i simboli dei sacri testi ci prospettano.

Il primo è quello in cui siamo vissuti sotto la legge; il secondo è quello in cui viviamo sotto la grazia; il terzo, il cui avvento è prossimo, è quello in cui vivremo in uno stato di grazia più perfetta.

Dunque, il primo si è svolto sotto il dominio della scienza, il secondo trascorre sotto quello della sapienza, il terzo usufruirà della pienezza dell'intelletto.

Il primo è trascorso nella schiavitù, il secondo è caratterizzato da una servitù filiale, il terzo si svolgerà all'insegna della libertà.

Il primo è contraddistinto dai flagelli, il secondo dall'azione, il terzo dalla contemplazione.

Il primo è segnato dal timore, il secondo dalla fede, il terzo dalla carità.

Il primo periodo è quello degli schiavi, il secondo è quello dei figli, il terzo è quello degli amici.

Il primo è il tempo dei vecchi, il secondo dei giovani, il terzo dei fanciulli. Il primo è stato illuminato dalla luce delle stelle, il secondo da quella dell'aurora, nel terzo splenderà il pieno giorno.

Il primo corrisponde all'inverno, il secondo all'inizio della primavera, il terzo all'estate.

Il primo ha prodotto le ortiche, il secondo le rose, nel terzo fioriranno i gigli. Il primo ha dato le erbe, il secondo le spighe, il terzo darà il grano.

Il primo ci ha fornito l'acqua, il secondo il vino, il terzo fornirà l'olio.

Il primo riguarda il periodo della settuagesima, il secondo quello della quaresima, il terzo le feste pasquali.

Il primo stato appartiene al Padre, che è autore di tutte le cose, il secondo al Figlio, che si è degnato di condividere il nostro fango; il terzo allo Spirito Santo di cui l'Apostolo dice: "Dove c'è lo Spirito del Signore c'è la libertà". (2Cor 3,17)

Lo schema dei tre gruppi

Primo	Secondo	Terzo
Sotto la legge	Sotto la grazia	Sotto una grazia più perfetta
Scienza	Sapienza	Pienezza dell'intelletto
Schiavitù	Servitù filiale	Libertà
Difficoltà	Azione	Contemplazione
Timore	Fede	Carità
Schiavi	Liberti	Amici
Luz delle stelle	Luce dell'aurora	Pieno giorno
Inverno	Primavera	Estate
Acqua	Vino	Olio
Settuagesima	Quaresima	Pasqua
PADRE	FIGLIO	SPIRITO SANTO

Lo schema tradizionale di divisione della storia della salvazione fu binario di ispirazione paolina e agostiniana, secondo la quale la storia della salvazione si sviluppa in due tempi: il tempo della legge mosaica: da Adamo fino a Gesù, al quale succede il tempo della grazia evangelica: da Gesù fino alla fine dei tempi.

È un' interpretazione cristocentrica.

Ma l'abate Gioacchino da Fiore rompe con questa tradizione unanime.

La sua innovazione non consiste nel sostituire una tradizione binaria e "cristocentrica" con una tradizione trinaria e "trinitaria", dove entrano in gioco le tre Persone della Trinità, giudicata più accorde con i simboli della Scrittura e più adatta per classificare le fasi dell'azione divina nel futuro della storia.

b) Tre Persone, tre ordini (socio-religiosi). Tre ordini (socio-religiosi), tre Persone della Trinità.

Esistono tre Persone nella Trinità: Padre, Figlio e Spirito Santo, ma esistono anche tre ordini (tre gruppi socio-religiosi) tra i mortali: i monaci, i clerici, e gli sposati con figli.

Secondo Gioacchino da Fiore, ognuno dei tre ordini si relaziona con una delle Persone della Trinità e, viceversa, ognuna delle Persone della Trinità si relaziona con uno degli ordini socio-religiosi.

Così come ogni persona si relaziona in modo diverso con la creazione (nonostante le tre persone agiscano sempre in perfetta unione), così ogni ordine (socio-religioso) ha una propria prerogativa.

Agli sposati corrisponde l'attività manuale (opus), prerogativa del Padre, ai clerici la dottrina (lectio), prerogativa del figlio, ai monaci la contemplazione (jubilatio), prerogativa dello Spirito Santo (opus o lavoro manuale; lectio o dottrina o insegnanza; jubilatio o contemplazione).

La perfezione degli ordini si manifesta in modo che gli sposati devono pregare o dimostrare o partecipare in 10 nella salmodia (pregare i salmi e contemplare il loro insegnamento), in 20 nella dottrina e in 30 nel lavoro manuale; ai clerici corrisponde a 10 nel lavoro manuale, a 20 nella salmodia (pregare i salmi e contemplare la loro sapienza) e in 30 nella dottrina (insegnamento); e ai monaci corrisponde in 10 nel lavoro manuale, in 20 nella dottrina (insegnamento) e a 30 nella salmodia: recitare i salmi, contemplazione.

Clerici e sposati sono inferiori ai monaci, per questo tutti devono aspirare a diventare monaci.

Per quanto rispetta alla conoscenza di tutto ciò che è divino, ai laici che hanno figli come i patriarchi, corrisponde l'antico Testamento (la scrittura del Padre); ai clerici, che cercano di imitare lo stile di vita degli Apostoli, conoscono e venerano la Scrittura dell'Antico Testamento (la Scrittura del Padre); e ai clerici, che cercano di imitare lo stile di vita solitario perfetto, offerto da Elia, Eliseo, Giovanni Battista, Paolo, Sant'Antonio, San Benito e tanti altri, che avendo conosciuto e valorato la Scrittura dell'Antico e Nuovo Testamento, la comprensione spirituale, che procede dalle due Scritture (come lo Spirito procede dal Padre e dal Figlio).

Coloro che credono e temono, ma non capiscono, arrivano solamente a conoscere il Padre, chiamato dagli antichi Timore. La condizione del primo popolo è simile ai bambini (parbuli) che temono ma non comprendono. Questo primo tempo si svolse sotto la legge mosaica.

Quelli che credono e temono, raggiungono la conoscenza del Padre e del Figlio, dato che il Figlio è Sapienza. Questi sono come i giovani (adulescentes, iuvenes). Questo secondo tempo è tempo di grazia. Il popolo del secondo tempo si trova sotto la verità evangelica.

Alla fine, quelli che credono, comprendono e amano, sapendo sia del Padre che del Figlio, arrivano fino alla conoscenza dello Spirito che è amore di Dio "miele delle rocce e olio di durissimo silicio" (Dt. 32,13). Il terzo popolo è quello degli anziani (senes), che per il dono della grazia non provano sentimenti carnali e non desiderano niente che sia terrenale o transitorio. Il terzo tempo sarà quello di una grazia più piena. Al popolo del terzo tempo, liberato dal peso della sofferenza, sarà concesso dedicarsi alla predicazione e alle lodi divine.

Due questioni.

Prima: Tre persone distinte nella Trinità: Padre, Figlio e Spirito Santo e tre ordini degli umani: monaci, clerici e sposati con figli. Questi tre ordini sono già presenti in Sant'Agostino (354-413), che poi li riprese Gregorio I il Magno (c.540-604) e San Bernardo (1090-1153).

La discussione risiede nel capire a quale di loro corrisponde la primazia, discussione che non si centrò esclusivamente nel cercare ragioni teologiche, spirituali e umane o antropologiche con le quali dimostrare quale dei tre ordini fosse il più perfetto, bensì una discussione nella quale salirono alla luce altri motivi bastardi, come il potere economico, gerarchico, umano che rappresentavano i monaci. Ruperto di Deuts (monaco, teologo, abate di Deuts,

1076-1130) e Honorio Augustodinese (sacerdote, vescovo di Autun, autore del *Imago mundi*, 1080-1154) difesero la supremazia assoluta dell'ordine monastico dal punto di vista della perfezione cristiana; d'altra parte, Anselmo di Havelberg (canonico regolare premostratense, vescovo di Havelberg, 1100-1158), criticò il mondo monastico e esaltò l'ordine canonico; lui viveva sotto la regola dei canonici regolari di sant'Agostino, impegnato con la vita attiva.

Gioacchino da Fiore si integra nel grupo di Ruperto e Honorio, esalta l'ordine dei monaci ma ammette i valori e le funzioni degli altri ordini, dentro del popolo cristiano e nella prospettiva della storia della salvazione.

Seconda: Come sorse la questione nella persona di Gioacchino?

Dalla concordia tra l'Antico e il nuovo Testamento?

Dalla concordia tra il Divino e l'Umano?

Se ci sono tre persone nella Divinità, ci devono essere o ci sono tre ordini umani? O per il contrario: perché ci sono tre ordini umani: cercò Gioacchino una corrispondenza in ognuna delle Tre Persone della Divinità e assegnò ai monaci la più perfetta, quella Persona la cui azione (che comunque è sempre azione delle Tre Persone) e che appare come la più divina, come la più essenzialmente divina? Il Padre crea, il Figlio si incarna, lo Spirito interviene, penetra, agisce nei cuori.

Non possiamo dimenticare che Gioacchino è un uomo del suo tempo e partecipa pienamente nel pensiero dominante che colloca i monaci come la forma umana più perfetta, l'ideale del modo di essere e di vivere al quale devono aspirare tutti gli umani, per questo entrò nei cistercensi, che nacquero come un modo di monacato più perfetto di quello dei benedettini e, per questo, fondò un nuovo ordine, i florensi, che avrebbero rappresentato il mondo monastico più perfetto.

c.   Tre persone, tre stati o tempi.

Poco a poco, a partire dalla sua prima opera, *Genealogía*, Gioacchino venne stabilendo una relazione diretta tra le Tre persone della Trinità e la storia della salvazione distribuita in tre grandi fasi, stati o tempi.

Gioacchino si intregò a un lavoro lungo e difficile, che lo mantenne occupato durante gli anni seguenti, fondere in un modello tripartito la concezione binaria della storia della salvazione; passare dalla divisione in due parti, due epoche: da Adamo a Jesù Cristo e da Gesù Cristo all'ultimo giorno, a un modello tripartito, necessariamente con altre dimensioni

Relazionando rigorosamente la Rivelazione e la storia, arrivò di fatto ad attribuire non solo la esistenza di tre spazi o tempi, ma anche una rivelazione specifica e autonoma non solo al tempo del Padre, al tempo del Figlio, ma anche a quello esclusivo dello Spirito.

Ognuno degli stati o tempi, ha un principio e una fine; ciononostante, i suoi limiti non sono facili da concretare.

Si dice, il primo tempo, quello degli sposati, che appare con Abramo e Isacco; il secondo, quello dei clerici, con Mosé e Aaron; il terzo, quello dei monaci, con Elia e Eliseo, ma, in verità, questo è valido da un solo punto di vista. Se si considera ogni ordine nella sua pienezza, allora quello dei clerici, iniziato da Mosè o con il profeta Isaia, risplende con Cristo e gli Apostoli; il terzo, quello dei monaci, iniziò con Elia e Eliseo, ma risplende con San Benito. Le maggiori difficoltà sono in relazione con l'inizio e la fine di questo terzo tempo.

Le centocinquanta generazioni dei tre tempi

Gioacchino cerca di decifrare le generazioni di ognuno degli stati o tempi e ci riuscirà partendo dal simbolismo del numero dei salmi, 150, divisi in tre gruppi, ai quali corrispondono cinquanta generazioni a ognuno degli stati o tempi.

Segnala le generazioni del primo e del secondo stato o tempo. Ma poi anuncia che non vuole arrivare più in là nella ricerca dei nomi di persone che si possano vincolare alle generazioni.

Gli basta con annunciare l'adempimento del secondo stato o tempo che termina con la generazione numero quaranta dopo Cristo, o almeno, alla fine della generazione cinquanta se si comincia a contare da Abiud[1].

Dato che una generazione della Chiesa equivale a trent'anni di durazione, avverte che è già trascorsa la maggior parte della generazione centocinquanta, iniziata nel 1170 e destinata a concludersi nel 1200.

Così come nella generazione cinquanta del primo stato o tempo fu abbattuta Babilonia, allo stesso modo nella generazione cinquanta del secondo stato o tempo (partendo da Abiud) debe essere abbattuta la nuova Babilonia. Non rimane dunque, nessun' altra soluzione che non sia quella di fuggire da essa prima possibile.

Gioacchino tornò con il tempo a questa questione della fine del secondo tempo, che sia per lui che per i suoi lettori, segnalava un punto di notevole interesse. Nella prima edizione della *Concordia* del 1186, dichiara di trovarsi nell'ultima generazione del secondo stato o tempo, destinato a concludersi nel 1200.

In alcune revisioni posteriori non sembra molto convinto, afferma che non sa se està trascorrendo la ultima o la penúltima generazione, o cioè, se il secondo stato o tempo deve concludersi nel 1200 o nel 1230.

Il secondo stato deve concludersi con la caduta di Babilonia (l'Impero Tedesco), ma Gioacchino non sembra ancora divisare quali forze le potrebbero assestare il colpo mortale.

d. Tre Persone, tre stati, tre spazi o tempi.

Gli stati o tempi hanno un inizio e una fine nella storia, con un numero determinato di generazioni; d'altra parte, gli ordini socio-religiosi, dal momento in cui si sono manifestati storicamente, non cessano di esistere fino alla fine del mondo, così come il Padre e il Figlio continuano a vivere nel tempo attribuito propiamente allo Spirito. (clero secolare)

Gli sposati si manifestano nel secondo tempo o spazio, ma si mantengono fino alla fine della storia; nel terzo tempo appaiono i monaci. E non si indebolisce il primo ordine socio-religioso quando nasce il secondo, come non si indeboliscono nè il primo né il secondo quando nasce il terzo, bensì quello che succederà sarà come se apparisse prima una folla di uomini alla quale si aggiungerebbe poi un seconda folla e alla quale si aggiungerebbe posteriormente una terza folla. Lo stesso succede con le Persone, il Figlio e lo Spirito Santo stanno sempre con il Padre, per cui nel tempo in cui risplendette la somiglianza con il Padre, doveva già esistere una somiglianza con il Figlio e con lo Spirito Santo.

I pensatori cristiani hanno visto nel Nuovo Testamento, che applicarono al Figlio, una pienezza complementaria a quella dell'Antico, che applicarono al Padre. Nel giorno di Pentecoste il Figlio inviò il suo Spirito per terminare la sua opera. Lo Spirito, inviato da Gesù, non portò, per lo stesso motivo, niente di radicalmente nuovo. Solo la conferma del Vangelo di Gesù.

Gioacchino da Fiore, con un'audacia che rivoluziona la teología della storia, fino ad allora vigente, osa affermare la novità essenziale che porta lo Spirito Santo, che chiama "Evangelium aeternum".

Nella sua opera *Psalterium decem cordarum* si domanda: "El quod est evangelium ejus?" A cui risponde: "Illum de quo dicit Iohannnes in Apocalipsis: Vidi angelum Dei volantem per medium coelum".

Il "Evangelium aeternum" di Gioacchino è il Vangelo promesso nel libro dell'Apocalisse 14,6: "E vidi un altro angelo che volava nel più alto del cielo. Aveva un messaggio irrevocabile da annunciare agli abitanti della terra: a tutte le nazioni, lingue e popoli", il quale sgorga dal Vangelo di Cristo come sgorgano dalla parola scritta il senso e il significato.

Gioacchino nella sua *ExpositinApocalipsi* (foglio 95) contrappone al "evangelium aeternum quod est in spiritu" (che consiste nello Spirito) il vangelo temporale "quod est in littera" (che non è altro che la parola).

2ª PARTE

L'influenza del monaco Gioacchino da Fiore. Da Gioacchino da Fiore a Dante Alighieri

La possibile influenza del pensiero di Gioacchino da Fiore nel campo della teología, della spiritualità, della vita monastica per essere stato il fondatore di un nuovo ordine religioso non è oggetto del mio studio.

Mi sono interessato sulla sua influenza dal punto di vista storico partendo dalla sua divisione della storia della salvazione in tre tempi o stati: quello del Padre, del Figlio e dello Spirito Santo, e la incognita permanente su questo terzo stato, previsto dal monaco da Fiore.

Anche in questo campo abbonda la bibliografía esistente. Citerò solo l'opera del geesuita francese Henri de Lubac, straordinaria e vasta riassunta in due volumi, tradotti allo spagnolo, nei quali, in maniera esaustiva, ripercorre l'influenza del pensiero di Gioacchino da Fiore dalla sua morte, nel secolo XIII, 1202, fino ai giorni nostri. L'opera si intitola: *La posteridad espiritual de Joaquín de Fiore*. Il primo tomo comprende dal primo Gioacchino, il cui pensiero studia, a Schelling (1775-1854), detenenendosi ampiamente nel pensiero di Friedich Hegel (1770-1831), pubblicato in Spagna nel 1988. Il secondo: si estende da Saint Sion (1760-1825) fino ai giorni nostri. Includendo, tra gli altri, Carlos Marx (1818-1883), pubblicato in Spagna nel 2011.

Sintetizzo brevemente l'influenza del pensiero del Florense negli autori del secolo XIII.

Il secolo XIII Il Liber introductorium in Evangelium aeternum di Gerardo di Borgo San Donnino

A partire dagli inizi del secolo XIII, non sono solo i monaci come persone nelle quali si vede realizzata la perfezione cristiana, ma appaiono in quest'epoca anche gli ordini mendicanti, i frati. Francesco d'Assisi, 1181/82-1226, ha fondado verso il 1208-1209 i fratelli minori. Domingo de Guzmán, 1170-1221, ha fondato nel 1206 una prima casa di donne e nel 1216 una casa di fratelli predicatori.

*Chi sono dunque i perfetti: i monaci o i frati?

*Con chi comincia il terzo stato, il tempo dello Spirito, con San Benito o con san Francesco d'Assisi?

Nel capitolo del 1220 a Bologna, Domingo indica le strutture per la formazione dottrinale dei suoi membri. Nel 1219 arrivano a Parigi i primi Fratelli Minori. La lotta tra i clerici secolari e i frati mendicanti è aperta e sarà lunga.

Nel 1254, un francescano lombardo, ancora giovane ma già famoso, conoscitore delle Sacre Scritture, Gerardo di Borgo San Donnino, dalla Sicilia arriva a

Parigi per terminare i suoi studi all'Università (1249), pubblica e vende il Liber introductorium in Evangelium aeternum, seguito da un commentario della Concordia.

Alcuni lo attribuirono ai domenicani. La maggioranza lo assegnarono a Giovanni di Parma, Generale dei Fratelli Minori tra il 1247 e il 1257. Attualmente tutta la crítica lo attribuisce unánimamente, a Gerardo di Borgo San Donnino, fratello minore.

L'opera, che è un manifesto a favore del partito "spirituale" francescano, ottenne un successo incredibile.

Il libro pretendeva di far arrivare al grande pubblico il pensiero di Gioacchino da Fiore, attraverso i suoi testi più importanti opportunamente commentati.

Lo scopo non era unicamente scientifico o divulgativo, bensì pretendeva difendere anche i nuovi Ordini, in particolare l'Ordine dei Fratelli Minori, al quale sarebbe appartenuto il terzo stato, quello dello Spirito Santo.

Il papa Alessandro IV condannò il Liber Introdutorium nel 1255, e Gerardo fu espulsato dallo Studio di Parigi e reintegrato alla provincia siciliana, dove rimase e dove fu sospeso a divinis e privato dell'insegnamento. Non volle rinunciare alle sue idee gioachimite e fu condannato all'ergastolo nel 1258. Morì con le sue idee, in carcere nel 1276.

*Quali erano dunque le proposte di Gerardo? Inizio imminente, nel 1260, della terza era della storia: l'epoca dello Spirito Santo; concretizzazione di questo ultimo stato o tempo della rivelazione trinitaria in una nuova scrittura, il "Vangelo eterno", quale culminazione del Vecchio e del Nuovo Testamento; identificazione tra "Vangelo eterno" e le opere fondamentali di Gioacchino da Fiore; superazione della vita ecclesiatica per un nuovo ordine monastico, clericale e laico allo stesso tempo, incaricato della predicazione del "Vangelo eterno"; inaugurazione di una nuova economía di salvazione adattata alla Chiesa rinnovata, contemplativa e carismática, costituita da "uomini carismatici"; economía "sine enigmate et sine figura"; il terzo stato o tempo dello Spirito sarebbe cominciato con Francesco d'Assisi; Gerardo riconosceva in Francesco l'angelo che volava fino allo zenit proclamando il Vangelo eterno.

Gerardo ammetteva la tesi gioachimita della superazione della parola evangelica nel nuovo Vangelo dello Spirito.

Il Vangelo eterno era, per Gerardo un libro, una terza scrittura in cui Gioacchino da Fiore sarebbe stato chiamato lo "scriptor" o il "minister".

Nella Concordia Gioacchino aveva comparato il Vecchio Testamento con la terra, il Nuovo Testamento con l'acqua, la sua intelligenza spirituale al fuoco.

Gerardo chiama terra il Vecchio Testamento, terra il Nuovo Testamento, e fuoco il Vangelo eterno.

Questo nome del Vangelo eterno designava tanto il corpus dei principali scritti gioachimiti come il suo messaggio essenziale.

Ma questo messaggio consisteva che l'era dello Spirito Santo sarebbe iniziata di lì a poco. Gioacchino aveva assegnato simbolicamente, l'anno 1200 o 1230 come la fine del tempo del Figlio e l'inizio del tempo dello Spirito Santo. Gerardo parla del 1260.

Né Gioacchino da Fiore aveva l'intenzione di scrivere un nuovo vangelo, né Gerardo voleva redattare qualcosa che non fosse solo un'introduzione e delle annotazioni ai libri del suo profeta. Ma, ciononostante, è frequente l'attribuzione di un "Vangelo eterno"sia a Gioacchino, sia a Gerardo, quando questo non era altro che la ricompilazione composta da Gerardo.

La discussione continuó. Il libro fu inviato al Papa affinché lo esaminasse.

Alessandro IV nominò una commissione di tre cardinali.

La decisione finale fu molto severa con la opera del francescano. Gli applica il qualificativo di "eresia", disprezzo della tradizione, rifiuta le sue false opinioni che tendono a distruggere la Chiesa Romana.

Gioacchino viene trattato con meno durezza. Lo si accusa di predire il divenire di un terzo stato, sulla cui data si è confuso; di ribassare i clerici per esaltare i monaci. La sua opera è dichiarata come "sospetta"

Informato il Papa, con la bolla Libellum quemdam (23 ottobre e 4 noviembre del 1255) questi manda a bruciare l'opera di Gerardo, ma non conferma la decisione finale dei cardinali, non dette nessun problema a Gioacchino, né all'Ordine Florense come neanche all'Ordine dei Minori. Il ministro generale dell'Ordine dei Minori, Giovanni di Parma, grande gioachimita, difende Gerardo, fomentando il sospetto che questi lo ispirava, perciò dovette dimettersi e le successe San Bonaventura.

Gioacchino da Fiore e i flagellanti. Matilde di Magdeburgo

Il milleduecentosessanta fu l'anno della grande commozione, nel quale si sperava, dopo le terribili rovine, una radiante rinnovazione. Fu un anno di terrore.

Grandi folle di gente cominciarono a solcare i campi e a invádere le città, flagellandosi e cantando salmi di penitenza. Forse, fu durante quest'epoca quando Tommaso di Celano scrisse il Dies irae.

I flagellanti non furono una conseguenza del gioachimismo. Sorsero nel 1258, per opera di un eremita dell'Umbria, Ranieri Fasani, e in seguito tutta l'Italia centrale fu invasa dai "disciplinanti di Gesù Cristo" e l'epidemia continuò propagandosi. Ma le acque si mescolarono e i flagellanti si impossessarono dell'aspettativa Gioachimita e dichiararono che la era dello Spirito era già cominciata.

In Germania penetrò il movimiento attraverso l'opera della celebre mistica Matilde de Magdeburgo (1207-1284), affiliata al terzo ordine di Santo Domingo. Nelle sue Revelaciones si trova una strana teoría di tre esempi di sangue versati dalla creazione del mondo. Il

Sangue di Cristo, versato su Abele, sui santi innocenti, su Giovanni Battista; il Sangue del Padre, versato sulla Passione di Gesù; e per finire il Sangue dello Spírito Santo, versato su tutti i martiri dall'inizio della Chiesa fino agli ultimi tempi.

Gioacchino da Fiore e gli "spirituali" francescani

L'influenza di Gioacchino è presente nei membri più importante degli "spirituali" francescani, il ramo francescano che volle seguire nel modo più rigoroso l'insegnanza e la regola di Francesco di Assisi.

Spicca la figura eminente di Olivi "lo spirito più penetrante e più fecondo del gruppo degli spirituali". Pedro Juan Olivi (1248-1298) che è stato considerato come erede tra i discepoli di Gioacchino. Ma bisogna precisare che le opinioni sul gioachimismo di Olivi sono abbastanza contraddittorie.

Ubertino di Casale (1259-1329). In una delle memorie dirette al Papa al tempo stesso in cui proclama di non essere un incondizionale di Gioacchino, difende in maniera impetuosa il suo maestro.

Comparte con lui il suo sogno di una generalizzazione della povertà evangelica nella sesta età del mondo.

Il suo quinto e ultimo libro della sua grande opera Arbor vitae crucifixae Jesu (1305), sembra molto affine a Gioacchino, che menziona una dozzina di volte (e non sempre l'autentico). Francesco viene celebrato come l'iniziatore di una specie di "nuovo secolo"e di una "nuova Chiesa", di una "Chiesa contemplativa" che sarà "una specie di partecipazione anticipata, mite e meravigliosa" nella "Chiesa futura".

Un passaggio dell' Arbor vitae sembra riprodurre la teoría gioachimita dei tre stati; un altro, invece, distribuisce l'insieme dei tempi nella forma più tradizionale, tra le tre leggi "di naturalezza, di Scrittura, e di grazia", riferendosi ai misteri della Santissima Trinità.

Gioacchino da Fiore e San Bonaventura, Santo Tommaso d' Aquino e Dante Alighieri

San Bonaventura e santo Tommaso d'Aquino contraddirono Gioacchino da Fiore. Per San Bonaventura (1221-1274) è più importante vedere riflessa la Trinità nella storia che vederla nella successione delle ere. San Bonaventura incórpora alla sua teología la storia sacra, ma gli interessa comunque sottolineare l'azione connessa delle tre Persone.

San Bonaventura enuncia il seguente principio esegético nel quale vincola la Trinità e la storia: "In ómnibus istis mysteriis correspondentia est Patri et Filio et Spiritui Santo, quia Trinitas maxime debet refulgere in ómnibus operibus horum mysteriorum".

San Bonaventura riassume tutta la storia universale nei tre stati delle tre leggi: legge della naturalezza, legge scritta e legge di grazia; nelle cinque chiamate evangéliche a lavorare nella vigna, e nelle sette età della storia, parallele ai sette giorni della Creazione o i sette doni dello Spírito.

A questa visione stórica aggiunge un testo con il quale annulla tutto ciò che di inaccettabile aveva pensato l'abate calabrese. "Post novum testamentum, no erit aliud, nec aliud sacramentum novae legis subtrahi potest, quia illum sacramentum aeternum est".

Un altro punto importante del pensiero di San Bonaventura è il suo Cristocentrismo. La storia non ha né può avere un altro cárdine sul quale possa girare se non Cristo. Cristo è il perno e allo stesso tempo la consumazione della storia.

Santo Tommaso d'Aquino (1223/5-1274) criticò la esistenza della così chiamata "Era dello Spirito Santo".

Tommaso d'Aquino critica la teoría trinitaria di Gioacchino in due opuscoli e specialmente nel quarto libro del Contra Gentes, osservando che Gesù volle dotare espressamente la sua Chiesa con una struttura destinata a durare fino alla fine dei tempi, come lo dimostrano i testi di Matteo, Luca e Giovanni.

Dunque, nella sua Summa Theologica, la questióne 160 della Prima Secundae è consacrata alla "legge evangélica che è chiamata nuova legge". "Questa legge, al principio, è la grazia stessa dello Spirito

Santo, che viene data ai fedeli di Cristo". Ma ci si può chiedere "se questa nuova legge deve durare fino alla fine del mondo". Molte sono le obiezioni al rispetto.

Alcuni, per esempio, fanno rispettare la promessa di Cristo di inviare il Paracléto che farà conoscere tutta la verità promessa, – affermano – che non è stata ancora realizzata. "Un altro autore" obietta anche (e si riferisce a Gioacchino), che ci fu uno stato vantaggioso verso la persona del Padre, per sapere lo stato dell'antica legge.

Allo stesso modo uno stato conveniente alla persona del Figlio, lo stato della nuova legge, in cui imperano i clerici dediti al sapere perché il sapere è del Figlio. Ci sarà dunque, un terzo stato, quello dello Spirito Santo che sarà patrimonio degli uomini spirituali.

A questa obiezione Tommaso risponde: "Nessuno stato della vita presente può essere più perfetto che lo stato della nuova legge, difatti, niente può essere più vicino allo scopo ultimo se non quello che introduce inmediatamente a questo scopo, per cui, questo è ciò che fa la nuova legge.

Dalla quale queste parole dell'Apostolo: "Avendo, dunque, fratelli, completa sicurezza per entrare nel santuario in virtù del sangue di Gesù, attraverso il suo

cammino vivo e nuovo, inaugurato da lui per noi"
Terminiamo il secolo XIII con Dante Alighieri
(1265-1321), che colloca Gioacchino da Fiore nel
Paradiso, quattro strofe dopo San Bonaventura e lo
loda per il suo spirito profetico (12, 138-140):

"C'è Rábano quí, e luce a me accanto
L' abate di Calabria Gioacchino
Dotado di spírito profético"

La spiegazione di questa situazione si può trovare in
primo luogo per la simpatia che professava il Poeta
con il gioachimismo dei suoi tempi.

Dante, a Firenze, entrò in contatto con l'Estudium
generale di Santa Croce con Olivi e con Ubertino di
Casale. Forse il Paradiso ha le caratteristiche di due
poemi che verosibilmente siano di Gioacchino.

La sua immagine dei tre cerchi collegati figurando la
Trinità, descrive esattamente quello che si poteva
vedere in molti dei manoscritti di Gioacchino.

Indice

www.ingramcontent.com/pod-product-compliance
Lightning Source LLC
LaVergne TN
LVHW090024180726
843489LV00008B/2977